Otto Julius Bierbaum

Gugeline

Otto Julius Bierbaum

Gugeline

ISBN/EAN: 9783744647625

Hergestellt in Europa, USA, Kanada, Australien, Japan

Cover: Foto ©ninafisch / pixelio.de

Weitere Bücher finden Sie auf **www.hansebooks.com**

✳

Von diesem Buche sind
dreißig Stück auf holländisches Büttenpapier
abgezogen worden.
Nummer 1—5 kosten, von E. R. Weiß koloriert,
je 50 Mark,
Nummer 6—30 je 10 Mark.

✳

Gugeline

Ein Bühnenspiel
in fünf Aufzügen

von

Otto Julius
Bierbaum

Mit Buchschmuck
von E. R. Weiß

Als erste Buchveröffentlichung der
„Insel" herausgegeben von
A. W. Heymel
im Verlage von Schuster & Loeffler
in Berlin.

Meinem Freunde

Ludwig Thuille

von Herzen zugeeignet.

Schloß Englar   im Sommer 1899.

Vorbemerkung.

Die hier vorliegende Dichtung wird von meinem Freunde Ludwig Thuille musikalisch ausgestaltet. Als Textbuch zu seiner Oper unterscheidet sie sich an einigen wenigen Stellen unwesentlich von dieser Fassung, die die ursprüngliche ist.

Es ist mir ein Bedürfnis, schon hier meinem lieben Mitarbeiter auch öffentlich von Herzen dafür Dank zu sagen, wie schön er musikalisch auf meine Absichten eingegangen ist, wie meisterlich er es verstanden hat, die Dichtung musikalisch zu erfüllen.

Ferner darf ich es nicht unterlassen, meinem Freunde und Kameraden Alfred Walter Heymel den herzlichsten Dank für die schöne Ausstattung auszusprechen, die er meinem Buche durch E. R. Weiß hat geben lassen.

Es beginnt als erstes Stück die Reihe von Büchern, die im Anschlusse an die im Oktober dieses Jahres herauszugebende Monatsschrift „Die Insel" veröffentlicht werden sollen.

Schloß Englar im Sommer 1899.

Otto Julius Bierbaum.

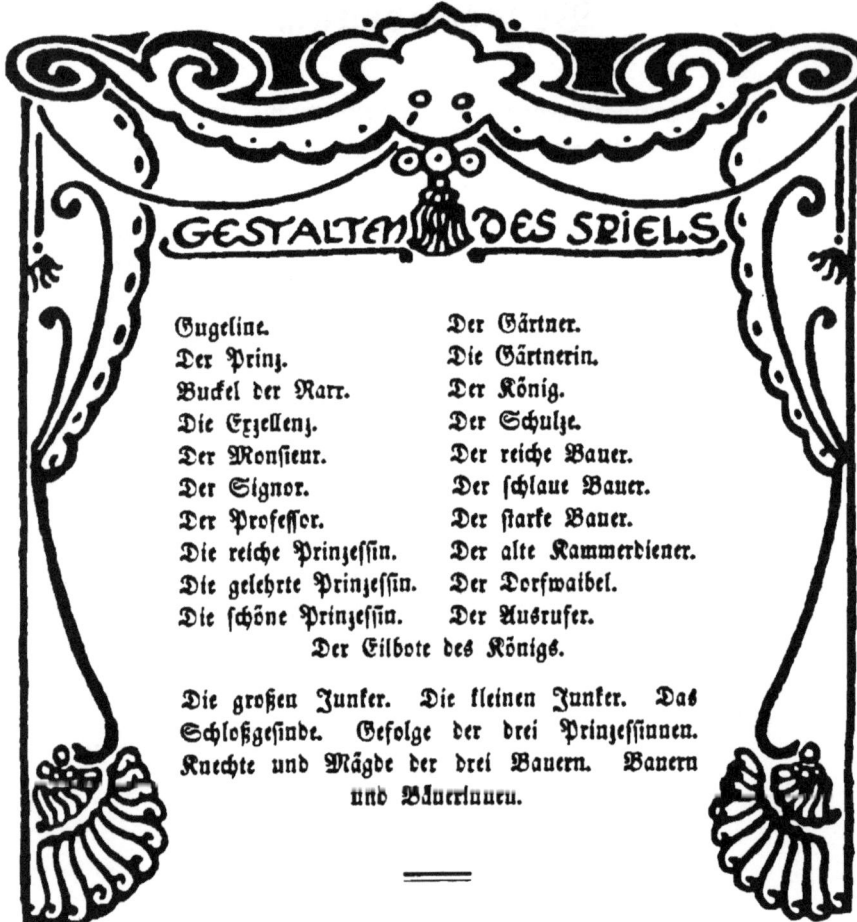

GESTALTEN DES SPIELS

Gugeline.	Der Gärtner.
Der Prinz.	Die Gärtnerin.
Buckel der Narr.	Der König.
Die Exzellenz.	Der Schulze.
Der Monsieur.	Der reiche Bauer.
Der Signor.	Der schlaue Bauer.
Der Professor.	Der starke Bauer.
Die reiche Prinzessin.	Der alte Kammerdiener.
Die gelehrte Prinzessin.	Der Dorfwaibel.
Die schöne Prinzessin.	Der Ausrufer.

Der Eilbote des Königs.

Die großen Junker. Die kleinen Junker. Das Schloßgesinde. Gefolge der drei Prinzessinnen. Knechte und Mägde der drei Bauern. Bauern und Bäuerinnen.

═══

ERSTER
AUFZUG

Eine frisch gemähte Wiese. Hinter ihr eine hohe von Epheu bedeckte Mauer, deren breiter Rücken mit Gras und Buschwerk teilweise bestanden ist. Eine große Trauerweide läßt ihre langen hellgrünen Zweige herüberhängen. Hinter der Mauer ist ein hoher Berg mit Wald und Wiese sichtbar, auf dem ein großes, von mehreren Mauern umzogenes Schloß steht.

Der Prinz und Buckel der Narr

stehen auf der Mauer, fast ganz durch die Trauerweide verdeckt. Sie beobachten, der Prinz mit großer Spannung, Buckel mit amüsiertem Lächeln, was im Vordergrunde vorgeht.

Der Prinz, etwa zwanzig Jahre alt, trägt schwarzseidene Tricots, graue Schnabelschuhe mit silbernen Schnallen, ein schwarzsamtenes Puffenwams mit darauf befestigtem großen silbernen Ordensstern, einen breiten weißen Zackenkragen und ein schwarzsamtenes Barett mit weißer Straußenfeder. An der Seite einen Stoßdegen in schwarzlederner Scheide mit silbernem Gefäß. Er hat gestutzte schwarze Locken und ein noch sehr spärliches schwarzes Knebelbärtchen. Sieht blaß aus. Buckel der Narr ist ein kleiner dürrer buckliger Mann von etwa 35 Jahren, glatt rasiert, kurzhaarig. Seine roten Tricots stecken in gelben lächerlich langen Schnabelschuhen, an deren Schnäbeln große Schellen wippen. Sein rechts blaues, links grünes Wams hat lange weite Zackenärmel, die gleichfalls mit Schellen besetzt sind. Auf dem Kopf eine dreizipfelige Schellenmütze, blau, grün und rot.

In den Händen eine Geige, deren Bogen ihm links die Lende herabhängt wie ein Degen. Sein scharfgeschnittenes Gesicht hat einen melancholischen Zug, der aber zuweilen einem offenen, völlig heiteren Lächeln weicht.

Der Gärtner und die Gärtnerin

sind vorn mit Rechen beschäftigt. Er beginnt immer rechts, sie links, strichweise nebeneinander. Wenn sie sich in der Mitte treffen, legen sie behutsam die Rechen nieder und küssen sich mit auskostendem Nachdrucke.

Der Gärtner trägt einen grasgrünen Leinewandrock, der über dem strohgelben Bastgürtel offen steht und die nackte braune Brust freiläßt. Bauschige Blusenärmel, die Beine bloß, die Füße in Bastschuhen mit kreuzweis über den Knöcheln gebundenen grünen Bändern. Weizengelbe schlichte Haare. Stämmig, fast ungeschlacht. Die Gärtnerin hat einen grasgrünen Leinwandrock an, schlicht ohne viele Falten, der nicht ganz bis zu den Knöcheln reicht. Darüber eine hellblaue gefältelte Schürze. Dazu ein rotes Mieder mit blauen Achselbändern. Aus dem Mieder ragt um ein Weniges ein weißes Leinenhemd, dessen Ärmel nur den halben Oberarm bedecken. Hat einen breiten gelben Strohhut mit einem Mohnblumenkranze auf, der von einer grünen Schnur unterm Kinn festgehalten wird und beim Küssen immer erst sehr sorglich zurück und dann ebenso sorglich wieder vorgeschoben werden muß. Beine und Füße nackt. Sie hat lange braune Zöpfe und ist von ziemlich rundlicher Gestalt.

Der Gärtner:

Sumasumsumsum,
Sumasumsumsum,
Ach Gott, was sind die Leute dumm,
Insonderheit die Großen!

Die Gärtnerin:
Sumasumsumsum,
Sumasumsumsum,
Warum sind denn die Leute dumm,
Insonderheit die Großen?

Beide
treffen sich und küssen sich.

Der Gärtner
mit wichtigem, dozierendem Ausdruck:
Ha'm immer dies und das Beschwer,
Woll'n immer, daß alles anders wär',
Ist gar nichts ihnen gut genung.
Schau'n nimmer grad und fröhlich her,
Schiel'n immer schief und in die Quer,
Thun keinen Freudensprung.

Die Gärtnerin:
Ha'm aber schöne Kleider an,
Von Samt und Seide Bänder dran
Und Gold und Edelstein.
Was Jedes will es essen kann,
Und Pferde viel und stolz Gespann:
Möcht' auch was Großes sein.

Beide
gehen rechend auseinander. Dabei
Der Gärtner:
Rállala, rállalei,
Ist keine Freude bei,

Schwänzelei,
Tänzelei,
Thun keinen Sprung.

Die Gärtnerin:

Rállala, rállalei,
Da bin ich nicht dabei,
Tanze frei,
Singe frei,
Thu meinen Sprung.

Beide

laufen einander in die Arme und drehen sich rund lustig im
Tanze. Dann schnell wieder zu den liegengelassenen Rechen und
weiter gearbeitet. Dabei

Die Gärtnerin:

Mein Bübchen in der Windel,
Das hat ein' roten Mund

Der Gärtner
sehr stolz:

Denn es ist halt mein Kindel,
Ist vorn und hinten rund.

Die Gärtnerin:

Hat Augen wie der Himmel,
So blau und so licht.

Der Gärtner:

Ich kauft' ihm einen Schimmel,
Aber's Geld hab ich nicht.

Beide

treffen sich und küssen sich. Dann gehen sie wieder rechend auseinander. Dabei

Der Gärtner:

Was soll er denn werden,
Der Bube als Mann?

Die Gärtnerin:

Ein Knapp bei den Pferden!

Der Gärtner:

J, seh Einer an!

Die Gärtnerin:

Ein Reiter, ein Reiter, ein Reiter zu Roß,
Der Hellste und Schnellste im jagenden Troß!

Der Gärtner:

Nichts, nichts mit den Pferden!
Soll Gärtner mir werden,
Der Bube als Mann,
Grünen Kittel anhaben
Und hacken und graben!

Die Gärtnerin:

J, seh' Einer an!

Der Gärtner:

Ein Gärtner, ein Gärtner, ein Gärtner im Grün,
Seine Freude soll sein, wenn die Blumen ihm blühn.

Die Gärtnerin:

Wenn die Blumen ihm blühn!

Beide

treffen sich und küssen sich. Wie sie auseinander und wieder
gehen wollen, bleibt

die Gärtnerin

stehen und hält den Gärtner am Ärmel fest:

Aber der nächste, gell,
Wird mir ein Reiter schnell!?

Der Gärtner:

Hahahaha!
Soll schon ein Reiter sein,
Ist noch nicht da!

Die Gärtnerin

schmeichelnd:

Bitte, sag ja!?

Der Gärtner:

Soll schon ein Reiter sein,
Ist noch nicht da!
Hahahaha!

Die Gärtnerin:

Sagst du gleich ja?!

Der Gärtner

nach einer Pause, verschmitzt:

Wird wohl ein Mädel sein ..!

Die Gärtnerin:

Hahahaha!

Beide

sich faffend und hin und herwiegend:
Ach, das klein Reiterlein
Wird wohl ein Mädel sein,
Hahahaha!
Sie fahren fort, sich tanzend vor= und rückwärts zu wiegen.

Der Prinz,

der mit wachsender Aufregung der Scene gefolgt ist, will vor=
treten und anscheinend die Mauer hinabspringen.

Buckel

will dies verhindern und greift, gleichfalls vortretend, nach ihm.
Dabei klingen seine Schellen laut auf.

Der Gärtner und die Gärtnerin

halten, wie sie das hören, erschrocken in ihrem Tanze inne, schauen
auf und erblicken die Beiden.

Der Gärtner:

Herrjeh, der Prinz!
Schnell, mach dich fort!

Die Gärtnerin

springt eiligst davon.

Der Gärtner

macht erst noch einen Kratzfuß und rennt dann hinter ihr drein.

Der Prinz

starr der Gärtnerin nachschauend:
Buckel! Was war das?! Was war das für eine Art
Mensch?! Giebt es mehr von dieser lieblichen Art hinter

der Mauer? Buckel, gehört das auch zu meinem Volke?!
Liebster Buckel, ich bitte dich, sage mir: Was, was für
ein rätselhaftes Ding war das!?

Buckel
im Tone der Verzweiflung:

Prinzelchen ... Vetterchen ... Hoheitchen ... Ach ...
süßer Junge, süßer ... Hm, hm, hm, hm ... Ich ...
umgotteswillen dreh dich um, ich bitte dich, dreh dich schleu-
nigst um, und komm aufs Schloß! Komm, Jungchen, komm!
Da der Prinz keine Miene dazu macht, sondern nur immer nach
der Richtung hinstarrt, wo die Gärtnerin verschwunden ist:
Gräßlich! Gräßlich! Jetzt sitzen wir in der Suppe! Wenn
das Majestät erfährt! Grausam! Grausam! Schauderhaft!

Der Prinz:

Aber nein doch: Herrlich! Köstlich! Wunder — wunder —
wunderschön!
Er breitet seine Arme aus:
Komm zurück, du süßes Rätsel im kurzen Rocke! Komm
zu mir!

Buckel
ganz verzweifelt:

Da haben wirs! Die ganze Erziehung wie weggeblasen!
Ich wußte es ja: Das erste Weib ...
schlägt sich auf den Mund.

Der Prinz
wie von einer Ahnung erleuchtet:

Weib!? ... Ah: Weib! Das, das wars, das immer

wie eine Ahnung um mich war, und was mir niemand
verraten wollte, wen ich auch frug ... Ah: Weib!

In Entzückung das Wort auskostend:

Weib!! Weib!!!

Plötzlich zornig:

Warum hat man mir das nicht gesagt!? Warum giebts
keine kurzen Röcke auf dem Schlosse!?

Buckel

niedergekniet, stehend mit aufgehobenen Händen:

Süßes Hoheitchen ... ich ... ich bitte dich umgottes-
willen: Frag mich nicht! Frag die Exzellenz! Frag den
Monsieur! Frag den Signor! Frag meinethalb den
Professor, — blos mich nicht, blos mich nicht!

Der Prinz

wütend:

Ich frag dich nicht, Buckel, ich befehle dir: Sag mirs,
oder ich spieß dich hier an die Mauer wie einen bunten
Schmetterling!

greift nach dem Degen.

Buckel

wirft sich wimmernd bäuchlings nieder:

Die ... die Majestät hats befohlen!

Der Prinz:

Mein Vater hats befohlen ...

Geht hin und her.

Ob ich die Mauer hinunter kann?

Buckel
boshaft:

Spring doch, Jungchen, spring doch und brich dir die
allerhöchsten Beine!

Der Prinz
setzt sich nieder, so daß seine Beine die Mauer herabhängen:

Buckel, komm her neben mich!

Buckel
kommt.

Der Prinz:

So, Buckel, setz dich an meine Seite. So! Und nun,
mein Buckel, wirst du mir alles sagen, was ich dich fragen
werde —: Alles, Buckel! Willst du?

Buckel:

Nein.

Der Prinz
nimmt ihn am Kragen, als wollte er ihn die Mauer hinabwerfen:

Willst du?

Buckel:

Nein, ich muß.

Der Prinz:

Brav so. Gut. Du bist mein altes, treues, liebes Buckelchen.
Nun also sag mir:
Sag mir ... Buckel ...

Warum hat der König
Keine Mädchen
Zu mir gelassen?
Keine von diesen
Niedlichen Dingern in kurzen Röcken?
Sind sie denn nicht viel schöner und reizender,
Viel, viel schöner und reizender als alle,
Alle ihr da oben um mich her?

Buckel:
Das .. sind .. sie .. wohl.
Und, siehst du Prinz, just eben drum,
Just .. eben .. drum
Hat seine Majestät,
(Wenn ich so kühn sein darf, zu ahnen, was sie dachte)
Hat seine Majestät zu denken allerhöchst geruht:
parodistisch:
Ersprießlicher
Und nützlicher
Und heilsamer
Und kurz und gut viel besser wärs
Für euch in dem und dem Betracht:
Ihr lerntet sie nicht kennen, —
Hat Majestät gedacht.

Der Prinz
wie für sich:
Darum die Mauern
Dicht um mich her,

Darum auf hohem
Schlosse fern
Der Welt .

. . . .
Sag Buckel: sind sie denn so schlimm?

Buckel

zieht die Achseln hoch:
Je wie mans nimmt,
Je wie mans trifft:
Süßer wie Honig,
Grimmer wie Gift.
Nicht Einer denkt wie der andere denkt,
Gilt es die Frauen;
Muß jeder dem eignen Sinne trauen.

Der Prinz:
So sag mir, was dein Sinn dir sagt.

Buckel
gemütlich:
Mir hats immer wohl behagt,
Wohl behagt, oh, wohl behagt
Zwischen den lieben Dingern;
Rund und weich und wohlgethan
Sehn sie dich himmlisch süße an,
Glätten mit linden Fingern
Dir die Stirn von Sorgen kraus,
Löschen alle Falten aus
Mit den linden Fingern.

Der Prinz:
So sind sie also wundergut!?
Ich wäre gern in ihrer Hut;
Warum muß ich sie meiden?

Buckel:

Liebe, mein Prinz, bringt Leiden.
Oh, Leiden tief und Leiden schwer,
Viel Fallen stehen um sie her,
Fallen mit scharfen Eisen,
Und manchen alt und kalten Mann
Erinnert Narbenhitze dran,
Wie grimm und tief sie beißen.
Leise, dem Prinzen ins Ohr, nachdem er sich umgesehen hat:
Mich dünkt, doch weiß ichs nicht genau,
Es hat von mehr als einer Frau
Auch Majestät empfunden
Das Wehthum solcher Wunden.
Und, da er alt und — weise ist,
Hat seine Liebe Euch und List
Den Frauen fern gehalten;
Das thun sie gern, die Alten.

Der Prinz
wie abwesend, den Blick vor sich hin:

Liebe . . .
Welch' seltsam Wort!
Darnach wohl lauscht ich alle die grauen Tage,
Da mir so weh und suchend war,
Und darum weint ich wohl in hellen Nächten

2

Und wußte nicht, warum . . .

. . . .

Pause.

Sag', Buckel, was ist Liebe?

Buckel:

Einem Prinzen mags behagen,
Einen Narren viel zu fragen,
Antwort ist des Narren Pflicht,
Aber darauf Antwort sagen,
Das kann Narr und Weiser nicht.
Nur der Geige wortelose
Tiefe Kraft enthüllt das große
Rätsel, wenn sie singend spricht.

Er nimmt seine Geige ans Kinn und spielt auf ihr eine kurze bewegte Liebesweise.

Der Prinz

hat dem Geigenliede in immer wachsender Ergriffenheit gelauscht. Wie es verklungen ist, umarmt er Buckeln stürmisch und jubelt auf:

Nun weiß ich, was ich soll!
Von Lust und Sturm ist mir die Seele voll!

Er springt nach hinten die Mauer hinab.

Buckel

schaut ihm kopfschüttelnd nach.

═══════

ende
des ersten
Aufzugs

ZWEITER·AUFZUG

Ein festlich geschmückter Prunksaal im Schlosse, überladen prächtig
in einem höfischen, etwas steifen Stil. Links hinten und rechts
in der Mitte große Thüren. In der Hinterwand hohe Rund-
bogenfenster. Rechts hinten quer vor die Ecke gestellt ein breiter
mit Purpurdecken überdachter Thronbau mit Absätzen. Auf dem
obersten der Thron des Prinzen, vor diesem, niedriger, der Stuhl
der Exzellenz, wiederum niedriger die Sessel für den Monsieur,
den Signor und den Professor. An der linken und der Hinterwand in Stufen übereinander Polsterbänke.

Die Exzellenz, der Monsieur, der Signor und der Professor

treten durch die linke Thür herein.

Die Exzellenz ist ein langer, immer aufs Feierliche, Gemessene
bedachter Herr im übertrieben steifen spanischen Würdenträger-
kostüm mit gewaltigen Hüftpuffen. Der Monsieur, klein
und zierlich, im Stile eines französischen Stutzers aus der Barock-
zeit gekleidet, verrät schon in Gang und Bewegung den Tanz-
meister. Der Signor, in italienischer Fechtmeistertracht mit
gewaltigem Stoßdegen, übermäßig großem Knebelbart, rollt bei
jeder Gelegenheit drohend die Augen und steckt überhaupt den
Bramarbas heraus. Der Professor, im schwarzen Talar
mit enormer Mühlsteinkrause, riesiger Perücke und übergroßer Horn-
brille, trägt das Wesen eines unablässig mit tiefen Problemen
beschäftigten Gelehrten zur Schau.

Die Exzellenz

steigt erst würdevoll umher, mit der Stielbrille den Saal und seine Anordnungen musternd. Dann wendet er sich mit der etwas näselnden Stimme eines Hofkavaliers alten Stiles an die Drei. Begeben Sie sich an Ihre Plätze meine Herren! Mjä... Mit diesem Tage wird das, mjä, das höchst ehrende und verantwortungsvolle Amt, mjä, zu dem Sie in allerhöchster Gnade, mjä, Seine Majestät, mjä, allerhöchsthuldvollst zu berufen, mjä, allergnädigst geruht haben, mjä, jä, — äh? wie? — wird es ein Ende nehmen. Setzen Sie sich, meine Herren! Mjä. Auf die Stühle unten, da, mjä. So. Mjä. Und nun, mjä, ist es uns erlaubt, zu hoffen, daß unsere, håhåhå, kleinen Entbehrungen, mjä, endgiltig vorüber sein werden.

Die Drei

lächeln, jeder auf seine Art, und lassen sich nieder.

Die Exzellenz

klatscht einmal in die Hände.

Die kleinen Junker

treten, höchst artig im Gänsemarsch schreitend, ein, von ihrem Instruktor geführt, der, rückwärtsschreitend und mit den Armen taktierend, ihnen vorangeht. Sie lassen sich auf den Polsterbänken links nieder.

Die Exzellenz

klatscht zweimal in die Hände.

Die großen Junker

erscheinen, von ihrem Instruktor ebenso geleitet, in derselben Weise und lassen sich auf den Bänken der Hinterwand nieder. Wie alles sitzt ruft

die Exzellenz:
Die Probeverbeugung!

Die großen und die kleinen Junker
erheben sich und machen, wie von einer Schnur gezogen, eine
tiefe Verbeugung nach dem leeren Throne hin, wobei sich

der Monsieur
mit musterndem Blicke erhebt.

Die Exzellenz
zur Thüre hin, befehlerisch:
Das Volk!

Das Schloßgesinde,
bestehend aus lauter männlichen Bediensteten: Köchen, Dienern,
Jägern, Kutschern, Reitknechten, Gärtnern u. s. w., tritt mützendrehend herein und bewegt sich unter Kratzfüßen an der Exzellenz
vorbei nach der rechten Seite hin, wo es sich zwischen Thür und
Rampe zusammendrängt.

Die Exzellenz:
Das Vivat ist probiert?

Der alte Kammerdiener
ganz heiser:
Seit heute früh um sechs unausgesetzt!

Die Exzellenz:
Gut!

Die Hartschiere
treten ein. Zwei stellen sich an der linken Thüre auf, zwei
schreiten zur Thüre rechts.

Der Prinz,
ganz in weiße Seide gekleidet, schreitet mit

Buckel,
der an seiner Stelle die tiefe Verbeugung der Versammlung
grotesk erwidert, zum Throne, auf dem er sich mit einem Neigen
des Kopfes niederläßt.

Buckel
setzt sich mit untergeschlagenen Beinen neben den Thron.

Die Exzellenz
nimmt ihren Sessel ein.

Der Prinz
sitzend:
Dies ist der Tag des Abschieds, wie ihr wißt.
An solchem Tage ziemt sich Offenheit.

Die Exzellenz:
erhebt erschrocken abwehrend die Hände.

Der Prinz:
Sagt, meine Lieben, selber:
War es nicht öde hier?

Die Exzellenz
dreht sich beschwörend um.

Der Professor
schüttelt mit dem Ausdruck vollkommensten Unverständnisses den
Kopf.

Der Monsieur
fistelnd:
Parfaitement!

Der Signor
sehr tief:
Assolutamente!

Die großen Junker:
Mit prinzlich gnädigstem Permiß: jawohl!

Die kleinen Junker
. kindlich vergnügt hinterdrein:
Mit prinzlich gnädigstem Permiß: jawohl!

Das Schloßgesinde
in dumpfem Durcheinandermurmeln:
Jawohl! Jawohl! Jawohl!

Buckel
Der Prinz hat gute Laune,
Er bläst heut die Posaune,
Schnerräng, schnerräng,
Schnerrattatattatäng,
Schon tanzt der Unterthane.

Das Schloßgesinde:
Schnerräng, schnerräng,
Schnerrattatatta ...

Die Exzellenz
mit gebieterischer Handbewegung:
Pscht!

Der Prinz:
Was uns Alle quälte,
Heute wissen wirs,

Was uns allen fehlte,
Nicht mehr missen wirs.
Erhebt sich.
Drei hohe Damen warten
Drauß in der Galerie,
Von Fräuleins schimmert der Garten:
Bald erscheinen sie.

Alle:

Bald erscheinen sie.

Der Monsieur und der Signor
verzückt wiederholend:
Bald erscheinen sie!

Der Prinz:

Daß eine von den Dreien
Die holde Rechte sei,
Mir sie anzufreien
Heut im hellen Mai,
Das hofft mein Herz in heißem Drange.
Thut auf die Thür! Viel, viel zu lange
Mußt' ich alleine gehn!
Thut auf die Thür und laßt mich sehn!

Alle:

Herein, herein
Die erste von den Drein!
Willkommen, willkommen
Soll Dam' und Fräulein sein.

Die Exzellenz
sucht vergeblich den fröhlichen Tumult zu dämpfen.

Der Professor
putzt sich die Brille.

Der Monsieur
zupft an Krause und Bändern.

Der Signor
reckt sich und wirft sich in die Brust.

Die reiche Prinzessin
zieht pomphaft mit ihrem Hofstaate von überprächtig gekleideten
Kavalieren und Edeldamen ein. Hinter ihr her wird eine goldene Truhe getragen. Sie schreitet, eine sehr üppige, nicht mehr
ganz junge Brünette, in einem gewaltigen Purpurmantel, die
Krone auf dem Haupte, mit hohem Selbstbewußtsein zum Throne.
Vorm Prinzen angelangt, der sich erhoben hat, macht sie eine
höfische, doch stolze Verbeugung; dann wartet sie mit majestätisch
zurückgeworfenem Haupte, bis die goldene Truhe neben sie gestellt
worden ist. Nun legt sie ihre Linke darauf und betrachtet mit
musternden Blicken den Prinzen, der sie gleichfalls voll ansieht.
Während dessen stellt sich

der Hofstaat der reichen Prinzessin
zu einer Tanzfigur auf, um dann, während sie singt, zu ihrer
Arie einen überaus steifen Repräsentationstanz (gegenseitiges
Vor- und Rückwärtsbewegen, Verbeugen und Reihenwechseln)
zu schreiten.

Der Prinz
macht eine einladende Bewegung.

Die Prinzessin,

immer die Linke auf der Truhe, die Rechte majestätisch erhoben:

Von Eures Vaters Majestät geladen
Erschein ich hier vor Eurer Hoheit Throne,

Hinweisende Handbewegung

Begleitet nur von einem schwachen Abglanz
Meiner Macht.
Reichtum ist mein Gefolge,
Geld ist mir gemein.
Was Götter über die Erde gossen
An Wert und Schätzen:
Alles besitz ich.
Was tief im Erdengrunde kostbar liegt,
Was Menschenhände schmieden und schmeiden,
Fügen und bauen mit Kunst und Fleiße:
Ist mein Besitz.
Drum wieg ich in meinen Händen die Macht,
Herrschende Macht über Millionen,
Und meine Worte sind Gebot.

Pause

Auch du bist Erbe der Macht; drum lege
In meine Hände deine Hand,
Und unsere Macht wird unermeßlich sein.

Reicht die Rechte zu ihm.

Schlag ein!

Der Prinz

wehrt ab und setzt sich kopfschüttelnd enttäuscht nieder, zu Buckel:

Geig, mein Buckel, geige!

Buckel
geigt feine Liebesweife.

Die reiche Prinzeffin
wendet fich empört ab, winkt ihrem Gefolge und fchreitet mit
mächtigen zornigen Schritten raufchend durch die Thüre rechts.

Das Schloßgefinde:
Die Macht zieht ab, die Macht zieht ab!
Der Reichtum muß fich trollen.
Vivat, vivat, vivat unfer Prinz! Juchhe!

Die großen Junker:
Hoho! Hoho!
Der Prinz verftehts!

Die kleinen Junker:
Hahaha! Hahaha!
Luftig! Luftig!

Die Exzellenz
fehr ärgerlich:
Anftand! Ruhe! O! O! Oh!

Der Monfieur, der Signor, der Profeffor
fchütteln jeder auf feine Weife die Köpfe.

Der Prinz:
Das war die Rechte nicht;
Mög' es die Zweite fein!
Die Thüre auf und laßt die Zweite ein!

Alle

Herein, herein
Die zweite von den Drein!
Willkommen, willkommen
Soll Dam' und Fräulein sein.

Die gelehrte Prinzessin

schreitet mit ihrem Gefolge herein. Es ist eine lange, überschmächtige, ganz helle Blondine mit Bewegungen von übergroßer eckiger Gemessenheit. Sie trägt die Haare nach Männerart; ihr Gewand, schwarz und grau, ist eine Übersetzung der Gelehrtentracht ins Weibliche. Hinter ihr her wird eine schwarze geschnitzte Bücherlade mit einer Eule als Deckelkrönung getragen. Ihr Gefolge besteht aus Männern und Frauen in Gelehrtentracht, die Männer tragen große Schweinslederbände in den Händen. Alle haben Brillen auf. Die Prinzessin macht, nachdem sie den Prinzen durchdringend angeschaut hat, eine steife Verbeugung (die sogleich der Professor mit feierlicher Kollegialität erwidert) und stellt sich, die Bücherlade zur Seite, wie zum Dozieren in Positur.

Die Männer
im Gefolge der gelehrten Prinzessin

schlagen ihre Schweinslederbände auf. Während dann die Prinzessin singt, schreiten sie, in Lesen vertieft, feierlich im Kreise hintereinander her, jeder begleitet von einer Frau, die sich bemüht, mit ins Buch zu schauen. Zuweilen bleiben sie, den Finger an der Stirn, nachdenkend stehen, zuweilen gruppieren sie sich um Einen, der durch Geberden eine wissenschaftliche Entdeckung ausdrückt, opponieren diesem, weisen auf ihre Bücher, bilden gestikulierende Gruppen, — immer von den Frauen, die mitthun wollen, begleitet.

Der Prinz

erwidert die Verbeugung der gelehrten Prinzessin mit einer einladenden Handbewegung.

Die gelehrte Prinzessin,

ihre langen Arme mit den breiten Schlappärmeln wie zu einer Vorlesung erhebend:

In meiner stillen Bücherei,
Wo Weisheit aufgestapelt steht,
Traf mich von Eures Vaters Majestät
Einladung her zu Euch.
Ich unterbrach ein wichtig Studium
Und nahm nur wenige Exzerpte mit,
auf die Bücherlade deutend
Auf daß die Reise nicht ganz ohne Frucht
Mir bleibe.
Denn Weisheit ist mein Ziel, erlauchter Prinz,
Mein Tagewerk Studieren.
Von Tanz und Tand und leerem, schönem Schein
Wend ich mich ab:
Gelehrt zu werden wie ein Mann
Ist mein Bestreben.
fixiert den Prinzen
Zwar seht Ihr blaß aus, doch nicht sehr gelehrt.
So kann ich zwar, wenn Ihr mein Gatte seid,
Von Euch nichts lernen. Aber schlagt Ihr ein
In diese Hand, die schon viel Bücher wog,
So werdet Ihr, bei guten Willens Fleiß
Von meines Wissens Fülle Nutzen ziehn

3

Und neben mir in meiner Bücherei
Die Wollust kosten, die Gelehrtheit giebt.
Reicht die Rechte zu ihm.

Der Prinz
setzt sich erschrocken nieder und wehrt ab; zu Buckel:
Geig, mein Buckel, geige!

Buckel
geigt seine Liebesweise.

Die gelehrte Prinzessin
zieht mitleidig und geringschätzig die Achseln hoch, winkt ihrem
Gefolge, das beim Lesen und Kritisieren nicht bemerkt hat, daß
sie fertig ist, und zieht mit ihm ab.

Das Schloßgesinde:
O je, o je, viel zu gelahrt!
Stolpert nicht auf eurer Fahrt!
Vivat, vivat, vivat unser Prinz! Juchhe!

Die kleinen Junker:
Die Bücher weg! Die Bücher weg!
Haha, haha, die Bücher weg!

Die großen Junker:
Der Prinz hat recht! Der Prinz, hoho!
Wir machtens Alle ebenso.

Der Professor:
Mores! Mores!

Die Exzellenz
außer sich:
Oh! Oh! Oh!

Der Monsieur und der Signor
greifen sich an die Köpfe und zeigen sich sehr erstaunt.

Der Prinz:
Das konnte nicht die Rechte sein.
Laßt mir die Dritte ein!

Alle:
Herein, herein
Die Dritte von den Drein,
Willkommen, willkommen
Soll Dam' und Fräulein sein.

Die schöne Prinzessin
erscheint mit ihrem Gefolge. Es ist eine junge, rundlich volle
schöne Dame mit reichem roten hochtoupierten Haar. Ihr Kostüm
aus geblümter Seide mit vielen Rosetten und Schleifen mag an
die Tracht der Rococozeit erinnern. Arme, Nacken, Brust bloß;
Stöckelschuhe, Fächer; wiegende Bewegungen; unausgesetzt ein
charmantes, kokettes Lächeln. Hinter ihr her wird ein reich aus-
gestatteter Toilettentisch mit großem venezianischen Glasrahmen-
spiegel getragen.

Das Gefolge der schönen Prinzessin,
Damen und Kavaliere in entsprechender Tracht, tanzt, während
sie singt ein Menuett.

Die schöne Prinzessin
macht einen tiefen Knix, wobei sie den Prinzen kokett anlächelt,
wirft noch einen Blick in den Spiegel und singt unter Kolora-

3*

turen, indem sie sich wohlgefällig in den Hüften wiegt und ab
zu einen schnellen Blick in den Spiegel thut:

Meine Zofe wollte eben
Mir die Puderquaste geben,
Und meine Amoroso blies,
Lala la la, lala la la,
Unterm Fenster mir zum Preise
Eine süße Liebesweise,
Als man mich zu reisen hieß.

Und es liefen die Lakaien,
Und es riefen die Schalmaien
Meines Hofes Damen und Herrn:
Lala la la, lala la la
Auf zur Reise in die Weite,
Auf zur Reise in die Freite;
Ging ich gern, sie folgten gern.

Und so ward ich hergetragen
In der Muschelsänfte Schooß,
Meiner Schönheit taugt kein Wagen,
Keines Rades Widerstoß.

Sanft muß alles um mich gleiten,
Sanft muß ich getragen sein,
Kann nur tanzen, kann nicht schreiten,
Und ich tanze auch zum Frein.

Hast du uns das Nest gerichtet?
Samt und Seide aufgeschichtet?
Edelsteine und Geschmeid?

Sind die Schneider hierzulande
Nach der Mode auch imstande,
Mir zu fügen Schmuck und Kleid?

Hast du schmucke Kavaliere,
Liebenswürdig und galant?
Jeder finde es charmant,
Wenn ich sing und musiziere!

Ringelstechen, Wasserspiele,
Jede Art von Lustbarkeit,
Dienerinnen viele, viele,
Ist das Alles mir bereit?

Dann will ich in allen Tänzen
Ewig deine Tänzrin sein,
Meine Schönheit soll dir glänzen,
Meine Schönheit dir allein.

Der Prinz

hat während ihres Liedes unverwandt und mit steigender Entzückung auf sie geblickt und will nun, wie sie beide Hände ihm
entgegenstreckt, vom Throne herab auf sie zuschreiten, da läßt

Buckel

seine Liebesweise ertönen, und

Der Prinz

fährt sich, wie erwachend, über die Augen, wendet sich von der
lächelnd dastehenden Prinzessin ab und sinkt auf den Thron
zurück, wo er nun, den Kopf auf den rechten Arm gestützt, ver-
harrt, während er mit der linken Hand müde abwinkt.

Die schöne Prinzessin
dreht sich hüftenwiegend und trällernd:
Lala la la, lala la la
um, gönnt den großen Junkern einen aufmunternden Blick und
geht, wie tanzend, mit ihrem Gefolge ab.

Betroffenes Schweigen.

Das Schloßgesinde
murmelnd:
Die hätt uns gefallen,
Was will er denn mehr?

Die Junker:
Gar keine von Allen?

Alle:
Nun kommt keine mehr her.

Die Exzellenz
macht Anstalten zu ehrerbietigen Vorwürfen; ebenso der Professor, der Monsieur, der Signor.

Der Prinz
winkt unwirrsch ab.

Alle
verbeugen sich auf einen Wink von Exzellenz feierlich und be-
klommen vor dem nicht aufblickenden Prinzen und gehen rückwärts schreitend, zuletzt die Exzellenz, langsam ab, traurig wiederholend:
Kommt .. keine .. mehr her.
Es wird dämmerig.

Der Prinz
zu Buckel:
Geig mir die Weise noch einmal!

Buckel
thut es.

Der Prinz:
Die Dämmerung kommt.
Steigt vom Thron.
Süß ist sie, wie dein Lied.
Sich umblickend
Was soll ich hier?
Sie kommt nicht in den Saal,
Sie, die in deinem Lied und ferne ist.
Blickt durch die Fenster:
Gieb mir die Geige!

Buckel
giebt sie ihm:
Junker, was willst du thun?

Der Prinz:
Sie suchen.

———

ende
des zweiten Aufzugs

DRITTER
AUFZUG

Ein einfaches schmales Bauerngärtchen mit regelmäßigen, buchs-
eingefaßten Beeten und geschorenen Hecken, hinten von einem
Stacket gegen Wiese und Wald abgegrenzt. Links tritt ein statt-
liches, rotziegeliges Bauernhaus mit Altane und grünen Fenster-
läden etwas vor; in der Ecke rechts oben öffnet sich eine geschorene
Laube gegen den Zuschauerraum. Von der Hausflur führt ein
Weg zwischen den Beeten zur Laube hinauf. In der Mitte des
Weges (und damit des Gartens) ein großer blühender Rosen-
strauch. Vor dem Hause und am Stacket Obstbäume. Die
Beete vorn ganz voll von Bauernblumen (Lilien, Rittersporn,
Akelei, Goldlack, Levkojen u. a.). Am Hause eine Hühnerleiter
und ein Gestell mit Kannen, Eimern, Gartengeräten. Ein
Taubenhaus. Alles nett, sauber und gepflegt. Halbheller Sommer-
abend. Während des Aufzuges steigt zwischen den Bäumen des
Waldes, erst halbverdeckt, später ganz sichtbar, der gelbe Mond
voll herauf.

Gugeline

tritt aus dem Haus auf die Altane. (Sie hat einen kurzen
roten Bauermädelrock und ein schwarzes Mieder mit roten Achselbändern an, eine kleine Schürze vor, weiße Strümpfe, schwarze
Schuhe. Ihr braunes Haar ist in einem Kranz um den Hinterkopf gelegt.) Tritt an die Brüstung der Altane vor und beugt
sich darüber. Leise:

Schlafen Knechte und Mägde alle im Haus;
Schlafen auch meine Blumen draus?

Soll ich euch wecken,
An euern Stecken?

Rittersporn, Rittersporn,
Hast im Schlaf den Sporn verlorn!

Akelei, Akelei,
Weißt du, wo mein Liebster sei?

Levkoj, Levkoj,
Den ich nicht kenne, ist er mir treu?

Stehn alle still in stiller Luft,
Schlafen alle und atmen Duft.

Ach könnt ich wie ihr
Immer im Garten stehn!
Wollte nimmer von hier,
Nimmer weiter gehn!

Blumen, liebe Blumen, wie weh ist mir.
Will euch noch einmal in die Augen sehn.

Sie geht durch die Thür ins Haus. Nach einer Weile tritt sie
unten in den Garten und setzt sich auf die weiße Bank neben
der Hausthür.

Wie kann es doch sein?
Ich habe keinen Liebsten und soll morgen frein.

Steht auf, geht mit schnellen Schritten den Weg entlang, bis
zum Rosenstrauch.

Ich will es nicht, will es nicht, will es nicht, nein!
Soll Einer kommen und mich zwingen!
Will lieber über den Gartenzaun springen,
über die weite Wiese weg tief in den Wald hinein.
Ich will es nicht, will es nicht, will es nicht, nein!

Vor einem Beet mit hohen weißen Lilien; langsam, nachdenklich:

Mein Liebster müßt es denn sein.

Lacht lustig auf.

Mein Liebster, oh, der ist ein feiner!
Viel zu fein, viel zu fein, —
Es ist gar keiner.
So fein kann wohl gar keiner sein.

Zu den Lilien gebückt:

Wollt ihr die Kelche lauschend zu mir biegen,
Und seid ihr ganz verschwiegen,
So sag ich's, Lilien, euch geheim:
Ich bild mir einen Prinzen ein!
Pst! Pst!
Nicht weiter sagen!
Er holt mich in goldenem Wagen,
Vier Schimmel voran,
Und ist ein gar so schöner Mann,
Daß ichs euch gar nicht sagen kann.

Was hat er denn an?

Ei! Lauter weiße Seide,
Lilienweiße Seide wie ihr,

Um den Hals ein Kettengeschmeide,
Ein Schwert am Bandelier.
Wichtig:
Ja wohl! Und auf der Brust einen Stern!
Aber in der Brust drin hat er mich gern.

Geht um den Rosenbusch herum, sich Rosen ins Haar steckend.

Komme doch, komme doch, komm in mein Haus,
Herzensprinz, laß mich nicht warten,
Führ mich doch, führ mich doch, führ mich hinaus,
Der Mond steht über dem Garten.

O sieh, wie sein Silber die Beete beglänzt,
Die Blumen sind wie aus Seide,
Ich habe mein Haar mit Rosen bekränzt,
Ich warte in mondweißem Kleide.

Komme doch, komme doch, nimm mich mit dir,
Herzensprinz, laß mich nicht warten;
Und kommst du nicht balde, so sterbe ich hier.
Der Mond steht über dem Garten.

Während der letzten Strophe ist sie den kleinen Weg, der vom
Rosenbusch nach dem Zaune führt, hinaufgegangen und singt den
letzten Vers auf einer kleinen Anhöhe am Zaune stehend, den
Blick in den Wald hinein.

Wie ihr Lied zu Ende ist, erklingt ganz ferne aus dem Walde
Buckels Liebesweise. Gugeline lauscht:

Horch, eine Geige spricht mit mir
Tief aus dem Walde;
Tief aus dem Walde eine Geige
In der Nacht.

Kommt nach vorn.

Sagt mir, Blumen, was singt die Geige?

Zum Akeleibeet:

Weißt du's, Akelei?

Zum Rittersporn:

Rittersporn, du?

Zu den Levkojen:

Levkojen, ihr?

Am Rosenbusch:

Rosenbusch, Rosenbusch, du sagst es mir!

Sie neigt sich lauschend über die Rosen.

Thun alle Rosen ihre Lippen auf,
Flüstern mir leise;
Worte und Weise
Klingen herauf.

In der Melodie der Liebesweise mit geschlossenen Augen, wie
visionär:

Nacht ohne Sterne,
Tief aus der Ferne
Naht sich ein suchendes, sehnendes Licht.
Blühender Garten,
Schweigendes Warten,
Schließe die Augen, —: dir naht sich das Licht!

Sie hat sich, während ihr die Worte wie unbewußt von den
Lippen kommen, langsam umgewandt, so daß sie während der
letzten Verse mit dem Rücken zum Rosenbusche steht, und hat
über die festgeschlossenen Augen noch beide Hände gedeckt. So
steht sie, wie wartend, in innerster Ergriffenheit.

Indeſſen iſt von hinten aus dem Walde über die Wieſe her

der Prinz

gekommen und durch die Zaunthür hinter dem Wege, der zum Roſenbuſch führt, in den Garten getreten. Sein weißes Gewand iſt von einem ſchwarzen Gelehrtentalar verhüllt; der hohe Spitz-hut hängt ihm an einem Halsband im Nacken, ſo daß er baar-haupt erſcheint, Geige und Bogen umgehängt. So tritt er leiſe hinter ſie und küßt ſie auf den Scheitel:

Du liebes Wunder, wende dein Geſicht,
Laß mich den Mund dir küſſen, du,
Aus dem, was meine Geige ſtammelt, ſpricht.

Gugeline

hat ſich ihm zugewandt und ſieht ihn mit großen Augen erſtaunt und liebreich an.

Der Prinz

will ſich zu ihrem Munde neigen, kniet aber, ohne ſie zu küſſen, mit ausgebreiteten Armen vor ihr nieder:

Ich wag es nicht.
Neig du den Mund zu mir und küſſe mich.

Gugeline

blickt erſt zagend und unſicher zu ihm nieder, dann beugt ſie ſich langſam, faſt feierlich über ihn und küßt ihn auf den Mund:

So .. küß .. ich .. dich.

Der Prinz:

So hebſt du mich zu dir.
Steht auf und faßt ihre Hände. Sie blicken ſich ſchweigend tief an.

Gugeline:

Nacht voller Sterne,
Nähe und Ferne:
Alles ein strömendes, strahlendes Licht.

Der Prinz:

Versinkende Ferne,
Nahglühende Sterne,
Ich fühle, ich fasse, ich küsse das Licht.

Gugeline:

Mir ist, ich bin gegangen
Durch eine lange Nacht
In tiefen Traumes Bangen:
Nun bin ich aufgewacht.

Der Prinz:

In tiefen Traumes Bangen
Durch eine lange Nacht
Bin ich zu dir gegangen
Und bei dir aufgewacht.

Beide:

Auf unbekannten Wegen,
Darauf das Dunkel lag,
Gingen wir uns entgegen:
Da wurde die Nacht zum Tag.

Nun ist es ringsum helle,
Und in uns brennt ein Licht;

4

Ob Wind und Stürme kommen,
Sie löschens alle nicht.
Kuß und innige Umarmung. Plötzlich macht sich

Gugeline
los und springt hinter den Rosenbusch.

Der Prinz:
Süße du, was birgst du dich?

Gugeline:
Schwarzer Mantel, suche mich!
Sitz in meinem Neste.

Der Prinz:
Aller Rosen beste,
Wart! Dich breche ich.
Sie haschen sich Wege und Beete entlang.

Gugeline:
Nicht in den Beeten!
Keine Blumen zertreten!
Sie läuft in die Laube.

Der Prinz
ihr nach und sie an den Schultern greifend:
Gefangen der Vogel! Schon hab ich dich!

Gugeline:
Hast du mich, so hab ich dich.
Umfaßt und küßt ihn, setzt sich auf die Bank in der Laube,
während sich der Prinz ihr zu Füßen niederläßt. Wie im Verhör
zu ihm:
Nun sag mir, du, wo kommst du her?

Der Prinz:
Von ungefähr.

Gugeline
scheinbar strenge:
Wer schickte dich, wer sandte dich?

Der Prinz:
Die Geige sandte mich.

Gugeline:
So bist du ein Spieler zu meinem Feste?
Traurig:
Ach, morgen kommen viele Gäste.

Der Prinz:
Nimmst du mich zu deinem Gast?

Gugeline:
Weil du so lieb geküßt mich hast,
Sollst du mein Herzensgast mir sein,
Und keinen andern laß ich ein.
In plötzlich aufwallender Angst an ihn geschmiegt:
Schütze mich, Liebster, sie wollen mich frein.

Der Prinz:
Du liebe Angst, du hold Vertrauen,
Sei du getrost, nichts laß ich dir geschehn;
Ließ mich das Glück in deine Augen schauen,
Wirds über uns wie eine Sonne stehn.

4*

Hei auf, mein Glück, daß mir der erste Gang
So überschwänglich froh gelang!
Er küßt sie stürmisch, die erstaunt fragend ihn anblickt.
Haft du nun Mut?

Gugeline:
Mir ist so selig bange und getrost.
Leise:
Ich bin dir gut.

Der Prinz
in höchster Glücksbetroffenheit ihre Hände fassend:
Leben, so faß ich dich!
Mein bist du nun!

Gugeline
aufstehend, die Hände in den seinen, einfach:
Weiß nicht, wer du bist,
Nur, daß so wohl mir ist,
Das weiß ich nun.
Sie gehen langsam den Weg nach vorn. Sie blickt sich um:
Alles mit einem Mal fremd um mich her,
Kenne meine Blumen, mich selber nicht mehr.
Wie von mir abgefallen ist alles, was war.
Ein neues Herz hab ich wohl gar.
Und auch das ist nicht mein.
Legt ihre Arme auf seine Schultern, ihren Kopf an seine Brust:
Niemand kann trauriger, seliger sein.

Der Prinz:
Mir lacht das Blut, und alles strömt zu dir,
Ein stilles Jubeln drängt in mir;
Ich möcht aufs Pferd und gegen Feinde reiten.

Ich träumte bange eine leere Zeit,
Nun ist vom Leben mir die Seele weit,
Umstürmt und überschwellt von Seligkeiten.
Faßt sie stürmisch um die Mitte:
Komm mit, komm mit zu mir!

Gugeline
macht sich leise los:
Am hellen Tag gehör ich dir,
Will mit dir ziehen,
Aber nicht fliehen.

Der Prinz
kniet ehrerbietig vor ihr nieder und küßt ihr die Hand:
Am hellen Tag,
Was kommen mag!

Gugeline
blickt glücklich auf ihn nieder und lacht schalkhaft. Dann:
Einen Prinzen träumt ich mir;
Ist ein Geiger gekommen,
Ohne Stern und Bandelier,
Hat mein Herz genommen.

Gerne gab ichs ihm sogleich,
Will mich nicht beklagen
Und mit einem Backenstreich
Ihn zum Ritter schlagen.
Tätschelt ihn auf beide Backen:

Und mit einem Kuß dazu
Küßt ihn auf den Mund; in überquillendem Gefühle.
O du Lieber, Lieber du!
Läuft ihm schnell davon ins Haus.

Der Prinz
aufstehend, übermütig:

Hei, zum Ritter aufgeküßt
Und zum Prinzen geschlagen!
Wenn ich nur ein Wörtel wüßt,
All mein Glück zu sagen!

Geige, Geige, singe du
Gute Nacht und gute Ruh!
Er spielt Buckels Liebesweise. Dazu singt

Gugeline
aus dem Hause leise:

Die Nacht hat's gesponnen,
Das Glück ist gewonnen,
Ich träumte so lange, nun träume ich nicht.
Ich atme dem Segen
Des Tages entgegen,
Es bringt uns Erfüllung das goldene Licht.

ende·des·dritten·aufzugs·

VIERTER AUFZUG

Die Gemeindewiese. Ein Halbrund von Linden darum. Vorn, rechts und links sich gegenüber, zwei große Linden mit grasüberwachsenen Wurzelhügeln. Auf dem Hügel der linksstehenden ein mit Blumen geschmückter Stuhl, der von einer vollen Rosenranke überbogen ist. Unter ihm eine Bank. Auf dem Hügel der rechtsstehenden eine Art Podium für die Dorfmusik. Die Wiese ist sonst ganz frei. Hinter dem Lindenhalbrund sieht man Gauklerund Wirts-Zelte, Bänke und Tische. Die Wiese ist durch eine an den Linden befestigte grüne Schnur abgesperrt. Rechts und links bezeichnet ein Rankenbogen die Eintrittsstelle für Gugeline (links) und die Freier (rechts).

Wie sich der Vorhang erhebt, ist der Wiesenplan leer, aber hinter den Linden bewegt sich

die Menge

wie im Getümmel eines Jahrmarktes. Aus dem Lärme heben sich, wie abgerissen, einzelne Juchzer und folgende Einzelsätze heraus.

Die Trinker:

Roter Wein und weißer Wein,
Jeder will getrunken sein,
Trunken sein, trunken sein,
Tunken, tunken, tunken, tunken.
Rot und weiß,
Jeder macht heiß,
Heiß, heiß, heisa, heiß.

Der Ausrufer:
Herein, herein, hereinspaziert!
Hier wird ein Jeder gut plaziert
Blos für einen Batzen!

Einer aus der Menge:
Was giebts denn zu schaun?

Der Ausrufer:
Fischschwänzige Wasserfraun!
Zweiköpfige Kälber! Sechsbeinige Katzen!
Träteh! Träteh!
Und das Orakel der weltberühmten Fee
Alababalinde!
Geschwinde, geschwinde
Herein spaziert!
Alles für einen Batzen!

Die Menge
durcheinander:
Sechsbeinige Katzen?!
Zweiköpfige Kälber?!
Fischschwänzige Wasserfraun?!
Wie heißt die Fee?
Wie heißt die Fee?

Der Ausrufer
mit feierlicher Betonung:
A-la-ba-ba-lin-de!

Die Menge

drängt nach der Bude des Ausrufers. Da schmettern Trompeten
von links, und

die Dorfmusik

geleitet vom

Dorfwaibel

betritt die Bühne und marschiert blasend zur Linde rechts, wo
sie ihren Marsch mit einem Fanfarenruf beschließt.

Die Menge

drängt sich nun zur Schnur vor, wo sie Posto faßt und lärmt:

Der Ruf! Der Ruf!
Schnur herunter! Schnur herunter!

Der Ausrufer

verzweifelnd:

Alababalinde! Alababalinde!

Die Menge

ungeduldig in abgehacktem Takt:

Schnur he-run-ter! Schnur he-run-ter!

Der Dorfwaibel:

Ordnung! Ruhe! Disziplin!
Ohren auf und zugehört!
Wehe, wenn mich Einer stört,
Wenn ich lese, pack ich ihn!
Grimmig:
Pack ich ihn! Pack ich ihn!

Die Menge

im Takt:

Le-sen! Le-sen!

Der Dorfwaibel

entfaltet eine Rolle. Sogleich wird's still. Er liest:

Weil es immer so gewesen ist, und immer so war,
Daß dem Schulzen seine Tochter, wenn sie achtzehn Jahr
Sich Einen von Drein hat wählen sollen,
Wenn etwa Dreie sie ha'm haben wollen,
So soll heute der Schulzentochter ihr Auswahltag sein,
Denn Dreie sind da, die wollen sie frein.
Und die Schulzentochter ist auch vorhanden.
Gleich kommt sie mit ihren Anverwandten!

Die Menge:

Schnur herunter! Schnur herunter!

Die Dorfmusik

fällt mit einem Marschsatze ein.

Der Dorfwaibel

löst die Schnur..

Die Menge

bricht vor und verteilt sich rechts und links die Linden entlang,
nur die als Eingang gekennzeichneten Stellen freilassend. Hinter
den Linden bleiben nur die Gaukler, unter ihnen, den Spitz-
hut auf dem Kopfe, der Prinz.
Durch den linken Rankenbogen tritt

Gugeline

mit dem Schulzen und seiner Gevatterschaft.
(Sie ist wie im dritten Aufzug gekleidet, nur daß sie einen
grünen Kranz auf und das Haar in zwei langen Zöpfen frei
hangen hat. Sie trägt einen Feldblumenstrauß in der Hand.)

Gugeline

läßt sich auf dem Stuhl unter der linken Linde nieder.

Der Schulze und seine Gevatterschaft

nehmen die Bank unter ihr ein.

Die Dorfmusik

bläst einen Tusch.

Die Menge:

Gugeline, gute Wahl!

Gugeline

sieht auf und sieht sich um. Zaghaft:
Guten Dank für guten Wunsch!
Da sieht sie hinten den Prinzen, und nun fest und fröhlich mit
dankbarem Blick zu ihm:
Guten Dank!

Der Schulze

eher barsch als zärtlich:
So sollst du denn beginnen,
Aber dich wohl besinnen!
Du weißt,
Wie's heißt:
Von den Dreien Einen,
Oder dein Lebtag Keinen!

Die Burschen:

Von den Dreien einen!

Die Mädchen:
Oder dein Lebtag Keinen!

Gugeline
leise:
Mein Lebtag Keinen.

Der Schulze:
So ruf den ersten Freierruf:

Die Menge:
Ruf, Gugeline!

Gugeline
kindlich wie ein Mädchen im Ringelreihspiel:
Ich sitz in meinem Neste
Und rufe nach Ost und Weste:
Komm, komm, komme wer mag,
Der Erste sei der Beste!

Die Menge:
Halloh! Halloh! Wer mag es sein?
Wer hat die schnellsten Beine,
Die schnellsten Beine zum Frein?
Alles schaut nach dem Rankenbogen rechts, durch den mit schwerem, selbstbewußtem Tritte
der reiche Bauer
kommt, gefolgt von seinen
Knechten und Mägden.
Er ist ein schwerer, feister, massiger Mann, protzbäuerisch gekleidet: Samethosen in dickledernen Schaftstiefeln mit Trodbeln, kurze

schwarze Tuchjacke mit breiten Thalern als Knöpfe, rote Weste
mit zwei Thalerknopfreihen. Den runden Filzhut behält er auf dem
Kopfe, von Zeit zu Zeit streichelt er seine unmäßig große Geld=
katze, die er über die Weste gebunden trägt. Sein Gesinde ist
ihm an Statur, Bewegung und Tracht ähnlich; die Mägde
tragen schwarzsammtene Mieder mit reichem Geschnür und vielem
Kettenwerk, übermäßig faltenreiche Röcke, große, steife Schleifen=
hauben; die Knechte nehmen den Hut gleichfalls nicht ab.

Der reiche Bauer

marschiert langsam auf die Linde zu, macht vor Gugeline eine
kurze, wie widerwillige Bewegung und mustert sie nun, die linke
Hand in die Hüfte gestemmt, mit der rechten den Peitschenstiel
schräg auf den Boden setzend, mit weit hervortretenden Augen,
wie wenn es gälte, eine Kuh zu prüfen, die er kaufen möchte.
So bleibt er eine ganze Weile mit offenem Maule stehn. Seine
Leute thun dasselbe.

Die Menge
ungeduldig:

He nu? He nu?
Der ist wohl stumm?
Red, Bauer, rede
Oder kehr um!

Der reiche Bauer
der Menge erst einen verächtlichen Blick zuwerfend:

Do bin ich, Mädel, sieh mich an!
Der schwerste Bauer und reichste Mann,
Gotts Dunner im Gemeindebann.

. . . .

Hä! Wer hat hunert Pferde?
. . . .

Ochsen und Kühe noch viel mehr!
Schlägt sich auf den Bauch, grinst:
Do, meine Katze, die hat Schmeer!
Und meine Schweine, die sind schwer!
Und fett ist meine Erbe.
Hä! So a Korn, wie meins, hoho,
Findt Keiner mehr, wie meins a so,
Und soviel Mist giebts nirgendswo
Wie den auf meinen Haufen.
Mit dem Daumen über die Achsel nach seinen Leuten deutend:
Die da, die müssen laufen
Und rennen, wenn ich knalle
Knallt mit der Peitsche
Hup-holla, alle!
Hähähähä! So steht es allhie,
Schlägt sich auf den Bauch
Nach meinem Knall springt Mensch und Vieh.
Knallt nochmals
Mädel komm her!
Weiter red ich nischt mehr.
Knallt.
Zu seinem Gesange haben sich seine

Knechte und Mägde

in einem überaus schwerfälligen Bauerntanz ohne viele Figuren
stampfend herumgedreht; wie er das erste Mal knallt, lassen sie
sich los und rennen ungeschickt auf ihn zu, wie auf Befehle wartend; so verharren sie, ihn unterwürfig anglotzend und nur bei
jedem weiteren Knall blöd erschrocken zusammenfahrend, bis zum
Ende des Auftritts.

Gugeline

erhebt sich, wie der Bauer geendet hat, und blickt über ihn weg
zum Prinzen; dann, sich wieder setzend, leichthin:

Bauer, du bist mir zu reich.

Der reiche Bauer

erst einen Augenblick perplex, dann mit wütendem Fußaufstampfen:

Do sull doch gleich . . . . . .

Knallt wütend mit der Peitsche und dreht sich um. Seine Leute
laufen erschreckt davon, er stampft knallend hinter ihnen drein.

Die Menge:

Donner, Donner, Dimian,
Guckt den reichen Bauern an!
Macht sich auf die Sohlen.
Hohoho! Hohoho!
Bauer leg dich auf dein Stroh!
Gugeline, Gugeline
läßt sich von dir nicht holen!

Der Dorfwaibel:

Ruhe! Ruhe! Disziplin!

Die Menge
lachend:

Hohoho! Hohoho!

Die Dorfmusik
unterdrückt den Lärm mit einem Tusch.

5*

Der Dorfschulze
wie es ruhig geworden ist:

So ruf den zweiten Freiersruf!

Gugeline
wie beim ersten:

Ich sitz in meinem Neste
Und rufe nach Ost und Weste:
Komm, komm, komme wer mag!
Der Zweite sei der Beste.

Die Menge
die Hälse reckend, durcheinander:

Wer wird es sein?
Freier herein!
Wer denn, wer?
Ach, — der!

Der schlaue Bauer
mit seinen Knechten und Mägden

durch die rechte Bogenpforte. Er ist lang, dürr und lebhaft;
mit verschmitzt hin- und herfahrenden lächelnden Blicken kommt
er geschäftig schnell, schon beim Eintritt und dann weiterhin
rechts und links verbindlich mit dem Hut in der Hand grüßend,
als seien alle Anwesenden seine werten Freunde. Er trägt einen
langen, einfachen Schoßrock, kurze Tuchhosen, weiße Strümpfe.
Außer den Strümpfen und einem blauen Halstuch alles schwarz.
Seine Knechte sind entsprechend gekleidet; die Mägde tragen graue
Miederröcke ohne allen Schmuck. In der linken Hand hat der
schlaue Bauer eine Schachtel; jeder seiner Leute trägt einen mit
einem Tuche verhüllten Gegenstand.

Der schlaue Bauer

bleibt mit einem ausdrucksvollen Kratzfuße, den sein Gesinde nach=
ahmt, vor Gugeline stehen, dann setzt er die Schachtel behutsam
vor sich nieder. Seine Knechte und Mägde bauen, was sie her=
tragen, zu einem Haufen auf, ohne die Tücher davon wegzunehmen.

Die Menge:

Der hat ihr gleich was mitgebracht,
Der weiß es, wie man's macht, hujch,
Der weiß es, wie man's macht!

Der schlaue Bauer

immer lächelnd, erst zu der Menge:
Zu viel der Ehr! Zu viel Ehr!
Zu Gugeline, sehr süß:
Daß ich ein grober Stoffel wär
Und käm mit leeren Händen her
Zu einer Jungfrau also fein,
Zu unsers werten Schulzen liebreizendem Töchterlein.
Blickt sie verzückt an:
Schon lange habe ich euch im Sinn
Als meine geliebte Bäuerin.
Kußhand.
Denn keine ist so schön wie ihr,
So aller Jugend und Tugend Zier.
Reibt sich mit der linken Hand die Herzgegend:
Und keine paßt so gut zu mir.
Pause, als wolle er den Eindruck seiner Worte abmessen.
Auch seid ihr guten Bauerns Kind,

In Keller, Küch und Hof geschwind.
Wer euch gewinnt, der viel gewinnt!
Vertraulich:
Mit euerm Gut und eurer Hand,
Und meins dazu und — mein Verstand,
Hehe, das sollte flecken!
Mit wichtigem Lächeln:
Kenn alle Schliche, wie man's treibt,
Weiß alle Winkel, wo's gut sich bleibt,
Rund mach ich alle Ecken.
Jetzt wie gekitzelt von seiner eigenen Schläue, fast trällernd:
Immer wach und fix und fein
Bringt aus Kleinem Großes ein;
Nie zu grob und nie zu schnelle,
Nie verschlafen, immer helle,
Immer freundlich, immer schlau
Und im Rechnen stets genau:
Das, hehe, das düngt wie Mist,
Ob es gleich viel billiger ist.

Bis hierher haben seine Knechte und Mägde seinen Gesang mit einem Tanze begleitet, in dem immer ein Knecht eine Magd wie werbend umkreist, schlau ihr nahe zu kommen suchend, während sie, ebenso schlau, ihm immer auszuweichen weiß. Jetzt, auf ein vom Bauern gegebenes Zeichen, vereinigen sie sich zu einer Gruppe bei den verhüllten Gegenständen.

Der schlaue Bauer
nach einer Pause, während der er die Schachtel aufgehoben hat:
So bin ich denn kein schlechter Mann
Für Eine, die auch rechnen kann:
Drum, Jungfer, nehmt mein Brautgeschenk an!

Er entnimmt der Schachtel eine goldfiligranene Brautkrone, die er Gugelinen mit süßlichem Lächeln, des Eindrucks sicher, entgegenreicht. Gleichzeitig knieen seine Knechte und Mägde nieder und ziehen unter den Tüchern allerlei Sachen wie: Hauben, Bänder, Ketten, Schürzen, Strümpfe, Schuhe, Mieder, Leinwandstöße, eine kleine Wiege, Kinderfatschen, kurz eine ganze kleine Brautausstattung hervor, die sie nun gleichfalls Gugelinen entgegenhalten.

Die Bauernmädchen:
Ah! Ah!
Schaut nur, da!
Was für schöne Sachen!

Die Bauernburschen:
Windel und Wiege auch gleich da!
Donnerdippel, der verstehts,
Sich beliebt zu machen!

Alle:
Was sagt Gugeline?

Gugeline
ist aufgestanden; sie blickt lächelnd über die dargebotenen Dinge weg zum Prinzen; dann setzt sie sich nieder und schüttelt lächelnd den Kopf:
Bauer, du bist mir zu schlau.

Der schlaue Bauer
hält ihr noch einmal den Brautkranz hin und weist eifrig auf die andern Gegenstände, die Lippen bewegend, wie wenn er die Sprache verloren hätte. Dann schüttelt er den Kopf und kratzt sich völlig verdutzt hinter den Ohren. Schließlich packt er die

Krone sorgsam ein, sein Gesinde rafft die Sachen auf, und alle
gehen unter Kopfschütteln ab. An der Bogenpforte wendet sich
der Bauer nochmals um und hält seine Schachtel hin, als er-
warte er immer noch, zurückgerufen zu werden. Nochmaliges
Kopfschütteln, und er verschwindet.

Die Menge:
Uli, der Schlaue überschlaut!
Hat ne Krone, hat ne Krone,
Aber leider ohne Braut.
Allumsunst die Schläue war,
Gugeline macht sich rar.
Gugeline, Gugeline,
Gugeline macht sich rar.
Ha ha ha!

Der Dorfwaibel
gebietet Ruhe.

Die Dorfmusik
bläst einen Tusch.

Der Schulze
mit Betonung, streng:
So ruf nun deinen letzten Ruf!
Und dann besinn dich wohl:
Von den Dreien Einer,
Sonst dein Lebtag Keiner!

Die Bauernmädchen:
Gugeline! Gugeline!

Gugeline

wie abwesend, tonlos:

Ich ſitz in meinem Neſte
Und rufe nach Oſt und Weſte:
Komm, komm, komme wer mag,
Der Letzte ſei der Beſte.

Sogleich ſpringt
der ſtarke Bauer
mit ſeinen Knechten und Mägden herein.
Er ſchwingt den Hut und ruft:
Juhu!

Die Menge
beifällig
Juhu! Juhu!
Der holt die Braut!

Der ſtarke Bauer,

ein feſter junger Burſch, mit den Seinen in einer Tracht von
der Art der oberbayriſchen Gebirgsbauern mit bloßen Knieen,
Lederhoſen und kleinem runden Auerhahnfederhut (die Mägde
entſprechend), ſpringt mit ſtarken Sätzen vor und bleibt ganz nahe
vor Gugelinen ſtehen: beide Arme eingeſtemmt, die Bruſt mächtig
herausgehoben, die Beine breit aufgeſetzt, den Hut im Nacken.
Während er dann ſingt tanzen ſeine Leute einen Ländler nach
Art des Schuhplattlers mit häufigem Hochheben der Mädchen.

Viele Worte mach ich nicht!
Willſt du mich, ſo kannſt du kommen,
Und du wirſt gleich mitgenommen,
Mädel, ſchau mir ins Geſicht!
Viele Worte mach ich nicht.
Breitet die Arme wie ſtemmend aus.

Meine Arme, die sind fest!
Willst du fühlen, wie sie drücken,
Mußt du mir blos näher rücken,
Wirst gleich an die Brust gepreßt;
Meine Arme, die sind fest!

Meine Beine sind wie Stein!
Ohne Pferd und ohne Wagen
Wirst du gleich davon getragen,
Wenn du meine Frau willst sein.
Meine Beine sind wie Stein!

Mädel komm und zier dich nicht!
Tausend andre möchten kommen,
Würden sie nur mitgenommen;
Mir behagt nun dein Gesicht:
Mädel komm und zier dich nicht!
Er breitet die Arme lachend weit aus.

Gugeline

erhebt sich mit Anstrengung wankend und schreitet, um nicht zu
fallen, einen Schritt vor, die Hände weit von sich gestreckt.

Die Menge
brausend:

Sie geht zu ihm! Schaut Alle, schaut!
Der hat die Braut!
Der Starke hat gewonnen!
Will vordrängen.

Der Dorfwaibel
abwehrend:

Erst noch ihr Ja!

Der starke Bauer:

Sprich, Gugeline!

Der Schulze:

Sprich!

Die Menge

drängt in höchster Spannung vor.

Der reiche Bauer

und der schlaue Bauer

treten wieder auf und schieben sich in den Vordergrund.

Gugeline

in der Stellung wie vorhin, wie gebannt, mit geschlossenen Augen
auf etwas wartend.

Der Prinz

spielt leise den ersten Satz der Geigenweise.

Gugeline

mit entschiedener Armbewegung:

Nein!

Sie setzt sich.

Einen Augenblick bleibt alles still. Dann bricht
die Menge

los:

Hoho! Hoho! Das wird zu bunt!
Auch der nicht? Ist ihr keiner recht?
Alle sind sie ihr zu schlecht?
Will uns zu Narren haben?

Der Schulze:
Besinne dich!

Die Menge
drohend
Steh auf und sprich!

Der starke Bauer:
Thut sich, als ob sie sonst was wär'.

Der reiche Bauer:
'Ne rare Dirne.

Der schlaue Bauer
mit der Schachtel sich nahe drängend, leise:
Ich bin noch da,
Vergesse, was geschah.

Der starke Bauer:
Der Prinz wär' ihr am Ende recht,
Wir Bauern sind ihr all' zu schlecht.

Die Menge
höhnisch, bewegt:
Ho die da, die da! Hahaha!
Ob wohl Einer so was sah!
Dünkt sich wunder was zu sein,
Sitzt wie eine Gräfin da,

Rümpft die Nase überfein;
Käm ein Prinzchen, sie zu frein,
Sagte sie am Ende ja,
Zu Bauern sagt sie nein.

Der starke Bauer:
Schulze, sperr den Vogel ein!

Der reiche Bauer:
Soll warten, bis ein Prinzel kimmt,
Das sie in die Kammer nimmt.

Der schlaue Bauer:
Ei, da wird sie kirre sein.

Die Menge
auf die Linde losdrängend:

Reißt ihr den Kranz aus dem Haar!
Jagt sie ins Haus!

Der Prinz,
ins Getümmel springend, laut:

Ihr nicht zu nah!
Rühr sie mir keiner an!

Alle
wenden sich um.

Der schlaue Bauer:
Hehe, der Fiedelmann!

Der reiche Bauer
protzig:
Der Fiedler mischt sich ein?

Der starke Bauer:
Das Geigerlein?!

Die Menge
in gellendem Hohn:
Gugeline, hahaha,
Schau, schau, der Prinz ist da,
Hat als Schwert gezogen
Einen Fiedelbogen!
Hahahahahahaha!

Der Prinz:
Ihr für Schwert und Bogen zu schlecht!
Macht mir die Gasse frei zu ihr!
Will sich durchdrängen.

Der starke Bauer:
Bückt euch, packt euch, Bauer und Knecht!
Seine Hoheit will zu ihr,
Der Fiedelprinz.

Die Menge:
Hohoho, der Fiedelprinz!

Der Prinz:

Was wißt ihr vom Prinzen!
Was wißt ihr von ihr!
Ich hole sie mir,
Gesindel aus eurer Mitte!
Und wenn der Prinz selbst mitten her ritte
Und um sie stritte,
Ins Ohr ihm schrie ich: du bist für sie zu schlecht,
Du nichts als Prinz!
Her ins Gefecht
Um Gugeline mit mir!

Die Menge
in höchster Wut:

Wir zu schlecht und der Prinz zu schlecht?
Was sich der Brandsohlenläufer erfrecht!
Das ist ihr Cumpan!
All' drauf und dran!

Der schlaue Bauer:

Hehe, das kommt ihm teuer zu stehn,
Galgen und Rad kriegt er zu sehn,
Wenn ihr ihn packt. He, packt ihn doch!

Die Menge:

Packt ihn! Packt ihn! Ins Loch! Ins Loch!
Stürzen sich auf den Prinzen und überwältigen ihn. Ein Teil
schleppt ihn fort. Die andern wollen wieder auf Gugeline los,
die ganz allein starr sitzen geblieben ist, weil sich auch der Schulze

mit seiner Gevatterschaft zu den bewegten Gruppen der heftig mit
einander disputierenden Bauern und Bäuerinnen begeben hat.
Da springt atemlos

der Eilbote des Königs

unter die Gruppen und ruft:

Habt ihr den Prinzen gesehn?

Alle Anwesenden:

Hier war kein Prinz.

Der schlaue Bauer

giftig:

Aber im Loch ist Einer,
Der hat ihn geschmäht.

Der Eilbote:

Ins Schloß mit ihm noch diese Nacht,
Dem wird das Urteil schnell gemacht.

Der Schulze und alle übrigen

drängen sich um den Eilboten und reden unter lebhaften Bewegungen auf ihn ein. Währenddeß hat sich

Gugeline,

von einem Entschluß ergriffen, schnell erhoben und ist in der
Richtung, wohin der Prinz geschleppt wurde, davon geeilt.

Der Eilbote

sich freimachend:

Aufs Schloß heut' nacht!

Er springt davon.

Der Schulze:
Es soll geschehn.

Der schlaue Bauer:
Kann die Dirne gleich mit ihm gehn,
Kriegt dort vielleicht den Prinzen zu sehn.

Alle
in Gruppen bewegt ab.

Ende des vierten Aufzugs

FÜNF=
TER

AUF=
.ZUG.

Hof des Bergschloßes. Links tritt ein Stück des Burgbaues
hervor, vor dem in der Mitte unter einem Säulendach ein breiter
Steinsitz aufgerichtet ist. Rechts steigen die Stufen einer Freitreppe zum eigentlichen Schloßbau hinan, von dem nur eine Säulen-
reihe vortritt. Hinten schließt eine etwa 2½ Meter hohe, breite
Mauer das Bühnenbild ab; sie wird an beiden Seiten von
einem massigen runden Turme flankiert, dessen Spitze nicht sichtbar
ist. Im Winkel zwischen der Freitreppe und der Mauer ein Thor.
Die Türme haben niedere Thüren, die auf die Mauer hinaus-
gehen; von der Mitte der Mauer geht eine Treppe zum Hof.
Alles in verwittertem rotbraunen Stein und in einem mächtigen,
etwas düsteren Stile. Helle Frühsommertagsstimmung.

Auf der Mauer schreiten zwei Geharnischte mit Lanzen hin
und her; am rechten Turmthor hält ein dritter Wache. Auf
der obersten Stufe der Treppe, die von der Mauer in den Hof
führt, sitzt

Buckel

und hat den Kopf auf die Arme gestützt; die auf den Knieen
ruhen. Er hebt lauschend den Kopf hoch, wie aus dem Hintergrunde, von unten herauf, Posaunenstöße schallen, die nun auch

von der unsichtbaren Höhe der beiden Türme, gleichsam zur Antwort, wiederholt werden. Nach den Posaunenstößen

Rufe der fünf Türmer

von unten (aus dem Hintergrunde) und von oben:

(Frage)

Bruder, melde, naht sich wer?

(Antwort)

Alles leer!

. . . . . .

Alles leer!

. . . . . .

Die beiden Türmer neben der Mauer

gleichzeitig:

Alles leer!

Posaunenstöße.

Buckel:

Als der Fink im Bauer saß,
Armer Fink alleine,
Hanf er nicht und Rübsam fraß,
Hangen ließ er seine
Beiden kleinen Flügel bunt;
Einsamkeit ist nicht gesund
Für den armen Finken.

Hui, da ging die Thüre auf,
Und es zwitschert außen,
Purr, hob er die Flügel auf,
Hui, da war er draußen,

Schwang sich hinterm Zwitschern her;
Daß es eine Zwitschrin wär,
Ahnte gleich der Finke.

Und nun zwitschern sie zu zweit
Tief im Laubversteck;
Süße ist die Zweisamkeit
In der Weißdornheck
Mit der lieben Zwitschrerin.
Unbeschreiblich wohl zu Sinn
Ist's dem bunten Finken.
Er steht auf und reckt sich.
Wenn ich blos mitgegangen wär!
Nun reut mich meine Geige sehr.
Ihre Saiten sind sicher schon alle entzwei.
Ist Einer verliebt und geigt dabei,
Dann wehe der Geige!
Kratzt sich hinter den Ohren.
Und wehe dem Lehrer, der's ihm gezeigt,
Wie man verliebte Weisen geigt.
Von rechts ertönt erst mit ganz hellen, dann mit etwas tieferen
Glocken ein schnelles Läuten.

Buckel:

Die Schule vorbei,
Die Junkerchen frei;
Glückselige Jungen!
In die Schule geht man stille,
Aus der Schule wird gesprungen.

Die kleinen Junker

im Schwarm, springend, von rechts herein auf Buckel zu:

Buckel, Buckel, was ist los?
Wächterruf, Posaunenstoß
Und am Turmthor Wachen?

Buckel:

Keine Kleinen-Junker-Sachen.

Die kleinen Junker:

Sag doch, sag, was ist geschehn:
Keiner hat gestern den Prinzen gesehn,
Keiner sah ihn heute!

Buckel:

Nichts für junge Leute.

Die kleinen Junker

laufen die Treppe zu Buckeln hinauf und drängen sich lebhaft
fragend um ihn.

Die großen Junker

im schnellen Laufe von rechts:

Es ist heraus:
Der Prinz riß aus,
Ging selber auf die Freite!

Die kleinen Junker

in die Hände klatschend:

Dann giebts Ferien, Ferien, Ferien!

Buckel:

Das wird euch der Professor lehrien!

Die großen Junker:

Hoch lebe der Prinz! Der Prinz hat Schneid!

Die kleinen Junker:

Vivat der Prinz! Der Prinz ist gescheid!

Die großen Junker:

Dem Prinzen nach, halloh, halloh!
Machen wir's Alle ebenso!

Die kleinen Junker:

Heisa, Heisa, ebenso!

Buckel:

Springt über den Zaun des Königs Sohn,
Machen alle Söhne Revolution.

Plötzlich, mitten in das Getümmel der Junker, Trompeten-
geschmetter von den Türmen unten und oben.

Stimmen von hinten:

Der König! Der König!
Der König kommt!

Die Junker

werden sofort stille und drängen sich bestürzt auf einen Haufen
zusammen:

Der König . . ? . .

Die Marschälle der Junker

stürzen herein und ordnen die Junker zu einem Spalier am linken Eingang.

Gleich darauf stolpert eilig

die Exzellenz

gefolgt von dem **Monsieur,** dem **Signor** und dem **Professor** heran, alle ganz fassungslos.

Die Exzellenz:

Das Gesinde zum Empfang!

Zum Turm hinauf:

Königsfanfare vom Turme!

Zu den Junkern:

Haltung! Haltung!

Zum Turme:

Blast doch! Blast doch!

Vom Turme schmettern Fanfaren.

Das Gesinde

wälzt sich atemlos herein: die Köche mit den Schürzen um, Löffel, Quirle, Töpfe in den Händen; so auch alle übrigen mit Handwerkszeug, wie sie gerade von der Arbeit herkommen.

Die Exzellenz
verzweifelt:

Mein Stab! Mein Stab! Mein silberner Stab!

Buckel,

der allein ruhig auf seiner Treppe geblieben ist, springt herunter und überreicht ihm mit unterthänigem Bückling seinen Narrenstab.

Die Exzellenz

nimmt ihn erst und wirft ihn dann Buckeln wütend vor die Füße.

Buckel

hebt den Stab auf und geht achselzuckend wieder auf seine Treppe.

Der alte Kammerdiener

überbringt der Exzellenz den großen Ceremonienmeisterstab.

Die Exzellenz

stößt den Stab dreimal schnell auf die Steinfliese.
Sogleich wird Alles still.
Von links

die Herolde des Königs:
Die Majestät!

Der König
tritt auf.

Die Exzellenz, der Monsieur, der Signor, der Professor
eilen ihm mit großen Bücklingen entgegen.

Die großen Junker
in etwas eingelerntem feierlichen Tone:
Hoch lebe der König!
Wir grüßen ihn,
Getreue Unterthanen.

Die kleinen Junker
ebenso.

Das Gesinde
ebenso.

Die Exzellenz:
Erhabene Majestät! Im Namen . . . .

Der König:
Schweigt oder sagt mir:
Wo ist mein Sohn?
Weh Allen euch, wenn ihrs nicht sagen könnt!
Wo ist mein Sohn?

Die Exzellenz,
ganz zerknirscht, will eben den Mund aufthun, da erklingen wieder die Posaunenstöße und Wächterrufe wie am Beginn des Aktes:
Melde Bruder, naht sich wer?
. . . .
Alles leer!
. . . .
Alles leer!
. . . .
Alles leer!

Die Exzellenz
weist verzweifelnd auf die Türme, wo die letzten Rufe verhallen.

Der König:
Entwich er euch,
Was bliebt ihr hier

Und zogt nicht aus,
Ihn wieder zu holen?

Die Exzellenz
wimmernd:

Boten ringsherum gesandt!
überallhin! überallhin!
Turmgeblase Tag und Nacht!
Immerzu! Immerzu!

Buckel:

Tututuh! Tututuh!

Die Exzellenz:
Keine Kunde! Ach, ach, ach!
Keine Kunde! Keine Kunde!
Eifrig:
Aber gefangen im Turm sitzt Einer,
Den sperrten wir ein,
Den sperrten wir ein,
Der hat ihn geschmäht!

Der König:
So richt ich über Einen mehr.
Erst über ihn, dann über euch!
Führt mir ihn vor!
Er setzt sich auf den Thron.

Die Exzellenz
winkt den Turmwächtern.

Die Marschälle der Junker

geleiten diese zur Freitreppe, auf der sie sich wie auf den Stufen eines Amphitheaters niederlassen.

Die Turmwächter

öffnen das Turmthor, das sich knarrend in den Angeln dreht.

Zwei rotgekleidete Turmknechte

führen unter Trommelwirbeln

eine vermummte Gestalt

heraus. Der Hut sitzt ihr tief im Gesicht, der Kragen ist hochgeschlagen und bedeckt auch den Hinterkopf. In der Mitte der Mauer, gerade über der Treppe, bleibt sie stehen, rechts und links die Turmknechte.

Die Junker

leise:

Sieht wie ein Magister aus.

Das Gesinde:

Schlappt der Mantel bis zum Fuß,
Ist der Hut ihm viel zu groß.

Buckel,

der bis jetzt der vermummten Gestalt den Rücken zugedreht hat, wendet sich nach ihr um und springt wie erschrocken schnell die Treppe hinunter:

Alle guten Geister! Der Mantel und Hut!
Fehlt blos die Geige.

Setzt sich zu Füßen des Königs.

Der König:
Gesteht der Frevler?

Die Exzellenz
eifrig:
Ward auf frischer That gefaßt.

Der König
zur vermummten Gestalt:
So sag, warum du ihn geschmäht!

Die vermummte Gestalt
schweigt.

Der König:
Wer bist du?

Die vermummte Gestalt
schweigt.

Der König:
So soll dein trotzig frecher Sinn
Im Turme lernen, was sich ziemt.
Nie soll dein Auge mehr die Sonne sehn,
So lang du lebst!

Die vermummte Gestalt
bedeckt ihr Gesicht mit beiden Händen, ganz von lautlosem Beben
bewegt.

Buckel:

So bitte doch und sprich.

Mich dünkt: ich kenne dich!

Zum mindesten den Mantel und den Hut.

Verwunderlich!

Leise:

Wo hast du denn die Geige?

Mir scheint: Jetzt träume ich.

Die vermummte Gestalt

tritt einen Schritt zurück.

Der König:

In Trotz verstockt. Das Urteil ist gefällt.

Führt ihn . . . . .

In diesem Augenblicke brausende Posaunenstöße von allen Türmen.

Die Türmer

wie im Echo hinter einander:

Meld weiter!

Ein Reiter!

. . . .

Ein Reiter!

. . . .

Ein Reiter!

. . . .

Ein Reiter!

Der Prinz!!

Alle:

Der Prinz?!

Der König

steht auf.

Aus dem rechten Thore, die Geige über der Schulter, mit offenen Armen, in schnellem Laufe auf den König zu und vor ihm nieder-knieend

der Prinz:

Verzeih mir, Vater!

Der König

zieht ihn an die Brust:

Du kamst zurück, so ist dir auch verziehn.
Und daß dichs nie mehr lüstet zu entfliehn,
Sag mir, was soll ich thun, daß niemals mehr
Ins Weite schweift dein Wille und Begehr!

Der Prinz:

Und: was ich bitte, du erfüllst es mir?

Der König:

Sag, was du willst, und ich erfüll es dir!

Der Prinz

verschmitzt:

So wünsch ich eine Frau mir auf der Stelle hier.

Der König:

Mein lieber Sohn, was Du verlangst, ist schwer,
Wär eine da, käm eine her,
Sie sollte gerne dir gegeben sein.
Jedoch mein Sohn, wie könnte das geschehn,
Da lauter Männer hier im Kreise stehn?

7

Der Prinz:
Gleich wirst du eine wunderliebe sehn,
Und die ist mein.
Er geigt die Liebesweise.

Die vermummte Gestalt:
Gugeline,
die, wie abwesend, immer mit vors Gesicht geschlagenen Händen
dagestanden ist und in lautlosem Schluchzen nichts von den letzten
Vorgängen bemerkt hat, erhebt sogleich den Kopf und lauscht wie
im Traume. Dann tritt sie, die Arme ausgestreckt, einen Schritt
vor.

Der Prinz
springt die Treppe hinan und küßt ihre Hände.

Gugeline,
wie sie ihn als Prinzen erkennt, schreckt zurück und schlägt die
Hände wieder vors Gesicht.

Der Prinz:
Fort mit der Mummerei!
Das liebe Antlitz frei!
*Er nimmt ihr den Hut vom Kopf und den Mantel von den
Schultern.*

Gugeline
steht im Bauernmädelrocke wie im 4. Aufzuge da und schaut den
Prinzen in seliger Angst an.

Die kleinen Junker:
Wie schön sie ist!

Die großen Junker:
Wie lieb sie schaut!

Das Gesinde:
Hoch dem Prinzen seine Braut!

Der Prinz:
Und sagst kein Wort?

Gugeline
leise:
Lieber du, ich möchte fort.
Ich schäme mich.

Der Prinz:
So führ ich dich,
Von holder Schamesglut
Umgossen wie von einer Krone Schein,
In meines Vaters Hut
Als seine Tochter ein.
Er ergreift ihre rechte Hand und führt sie vor den Sitz des
Königs.

Der König
streng:
Blick, Mädchen, deinem König ins Gesicht!

Gugeline
schlägt die Augen groß zu ihm auf.

7*

Der König,
nachdem er ihr lange in die Augen geschaut hat, herzlich:
So klare Augen lügen nicht.
Mein Argwohn wird von diesem Blick vertrieben,
In diesen Augen seh ich keine List;
Ob Alles mir auch noch ein Rätsel ist,
Du bist mir klar: Dich trieb ein tiefes Lieben.
Zum Prinzen:
Ob du, Herr Sohn, so ganz unschuldig bist,
Das steht auf einem andern Blatt geschrieben.

Der Prinz:
Kein schlaues Spiel und keine List.
Das Rätsel, das dir dunkel ist,
Hab ich in einer hellen Nacht erlebt.

Eine Nacht war mir hold,
Eine heilig helle Nacht,
Die hat meiner Seele das Licht gebracht,
Mir eine Sonne gegeben.
Da grüßte ich das Leben.

Ohne Degen, Stern und Orden
Bin ich ein seliger Mensch geworden,
Dem ein Herz sich liebend giebt,
Der aus vollem Herzen liebt.

Und das Leben packte mich,
Heisa, nicht gar säuberlich.
Bauernwort und Bauernfaust
Sind auf mich herabgesaust;
Spür es noch, wies dem ergeht,
Der vor Bauern Prinzen schmäht.

Die Junker:
Hahaha!

Das Gesinde:
Hohoho!

Alle:
Hat der Prinz den Prinz geschmäht!

Der Prinz:
Nun aber kam die dunkle Nacht,
Die noch viel schöner war,
Da wurde mir die Treue,
Die tiefe, offenbar.
Ich lag in Kerkers Ketten:
Sie gab sich, mich zu retten,
Da wurde mir der Liebe
Geheimstes Gnadenwunder klar.

Gugeline
wie in Beschämung, leise:
Nun laß mich gehn ...

Der Prinz:
Ei, nimmermehr!
Am hellen Tage bist du mein!
Warst tapfer du in Streit und Not
Und willst nun bang dem Glücke sein?
Kniet vor ihr nieder.
Sieh, wieder kniee ich vor dir;
Hast du mich lieb, so gieb dich mir
Als meine Braut vor meinem Vater hier!

Der König:
Gieb ihm die Hand, heb ihn zu dir,
Sollst meine liebe Tochter sein.
Steigt vom Throne herab und küßt sie auf die Stirn.

Der Prinz,
dem Gugeline die Hand gegeben hat, erhebt sich und küßt sie
auf den Mund:

Nun bist du mein,
Prinzessin Gugeline!

Der König
führt die beiden auf den Thron, wo sie sich niedersetzen, und
bleibt neben ihnen stehn.

Das Gesinde:
Hei, die Prinzeß im Bauernmädelrock!

Die großen Junker:
Im Bauernmädelrock.

Die kleinen Junker:
Im Bauernmädelrock.

Alle:
Gugeline auf dem Throne!

Der König:
Bringt die Prinzessenkrone!

Die Exzellenz
mit dem Monsieur, Signor und Professor gehen unter
Verbeugungen ab.

Buckel:

Und nun, mein Junker Prinz im Glück,
Gieb meine Geige mir zurück,
Hat ihren Dienst dir gut gethan;
Es soll nicht Einer Alles han!
Du, Prinz, die Gugeline,
Ich, Narr, die Violine.

Der Prinz:

Mein lieber Buckel, leist Verzicht,
Die teure Geige geb ich nicht;
Will ihren Bogen als Scepter tragen,
Mit ihrem Bogen dich zum Ritter schlagen
Für deine gute Geigenlehr.
Komm her!
Berührt ihn mit dem Bogen.
Buckel der Narr nicht mehr!
Buckel der Edelmann!

Das Gesinde:

Was so ein Fiedelbogen
Nicht alles kann!
Jetzt ist der Narr ein Ritter
Und Edelmann!

Buckel:

Macht nicht zu schwer das Wehrgehenk!
Die Geige ist mein Hochzeitsgeschenk.

Die Exzellenz bringt, begleitet
vom Monsieur, Signor und Professor
auf einem weißen Kissen die Krone und hält sie Gugelinen knieend
hin.

Der König:

Nimm selbst die Krone, schmücke dich,
Vielliebe Tochter, königlich.
Kniet vor ihr nieder und küßt ihr die Hand.
Der Erste, der dir huldigt: Ich!

Alle
knieen huldigend nieder.

Die Junker
ziehen die Degen.
Für Gugeline allerwegen
Mit Herz und Hand, mit Schild und Degen!

Das Gesinde:
Gugeline Heil und Segen,
Gugeline, Gugeline!

Alle:
Gugeline: Prinzenbraut!

Gugeline
leise:
Froh träumt ich es lange,
Nun stehe ich bange
In Glück und in Helle und glaube es nicht.
Schließt die Augen.
Geschlossen die Lider ...
Nun seh ich es wieder
Und fühle und grüße im Herzen das Licht.
Legt ihren Kopf an des Prinzen Brust.

Der Prinz:
Aus dir ists entbronnen,
Die Sonne der Sonnen
Ist Liebe, die selig sich selber giebt.

Alle
Das Glück ist gewonnen,
Die Sonne der Sonnen,
Die Sonne der Liebe, die selber sich giebt.

Alle
erheben sich und strömen jauchzend zum Throne.

Gugeline
breitet die Arme lächelnd aus.

———

ENDE
DES FÜNFTEN
AUFZUGS

Das Bühnenspiel Gugeline, gedichtet von Otto Julius Bierbaum, geschmückt von E. R. Weiß, wurde im Auftrage von A. W. Heymel in der Drugulinschen Offizin in Leipzig gedruckt im Mai und Juni achtzehnhundertundneunundneunzig.